Black-line Masters

French Word Games for Beginners

Maurie N. Taylor

National Textbook Company
a division of *NTC Publishing Group* • Lincolnwood, Illinois USA

Published by National Textbook Company, a division of NTC Publishing Group.
© 1992 by NTC Publishing Group, 4255 West Touhy Avenue,
Lincolnwood (Chicago), Illinois 60646-1975 U.S.A.
Manufactured in the United States of America.

1 2 3 4 5 6 7 8 9 VP 9 8 7 6 5 4 3 2 1

Preface

Word games and puzzles are a proven, effective way to teach vocabulary and keep students' motivation high. *French Word Games for Beginners* is a delightful collection of forty-eight word games for the practice and reinforcement of French vocabulary. Designed for beginning students, these games will also provide excellent review for more advanced learners.

Anagrammes, Catégogrilles, Lettres en chiffres, Arc-en-mots, Croix de mots, Labyrinthes, and *Motstractions* are all included in this collection to offer a wide variety of challenges. The formats of the games are all clear and easy to understand. In addition, at the beginning of each section, a game has been partially completed to serve as a model for the other games.

You may wish to use these games as "quiet" activities at the end of the class period or have small groups work together to find the solutions. *French Word Games for Beginners* is also a source of entertaining, engaging homework assignments. However you use them, you will find these games to be great motivators and excellent vocabulary and skill builders.

Contents

ANSWER KEY

ANAGRAMMES . . . . Jeu 1

1. BUREAU
2. ARMOIRE
3. CRAIE
4. TABLEAU NOIR
5. ÉLÈVE
6. CHAISE
7. PROFESSEUR

ANAGRAMMES . . . . Jeu 2

1. TABLE
2. LAMPE
3. FAUTEUIL
4. CHAISE
5. TÉLÉVISION
6. RADIO
7. TABLEAU

ANAGRAMMES . . . . Jeu 3

1. LIVRE
2. CAHIER
3. CRAYON
4. PAPIER
5. STYLO
6. GOMME
7. DICTIONNAIRE

ANAGRAMMES . . . . Jeu 4

1. HEURE
2. MINUTE
3. ANNÉE
4. MOIS
5. SECONDE
6. JOUR
7. SEMAINE

ANAGRAMMES . . . . Jeu 5

1. TASSE
2. SERVIETTE
3. VERRE
4. NAPPE
5. CUILLÈRE
6. COUTEAU
7. FOURCHETTE

ANAGRAMMES . . . . Jeu 6

1. SOUPE
2. POISSON
3. DESSERT
4. FRUIT
5. VIANDE
6. HORS D'OEUVRE
7. FROMAGE

ANAGRAMMES . . . . Jeu 7

1. LUNE
2. SOLEIL
3. MONDE
4. ORANGE
5. BALLE
6. GLOBE
7. BOULE DE NEIGE

ANAGRAMMES . . . . Jeu 8

1. POMME
2. TOMATE
3. FRAISE
4. CROIX ROUGE
5. FEUX ROUGES
6. CERISE
7. DRAPEAU RUSSE

CATÉGOGRILLE . . . . Jeu 9

```
        J
    E   D       V
L U N D I       E
    D   M       N
    I   M A R D I
        N       R
S       C       E
A       H       D
M E R C R E D I
E
D
I
```

CATÉGOGRILLE .... Jeu 10

```
      D
  C I N Q
    X   U N
        A
  H U I T
        R
      S E P T
  N       I   R
  D E U X   O I S
  U         I
  F         S
```

CATÉGOGRILLE .... Jeu 11

```
          Q
  D I X - H U I T
  O       A
  U       T
  O N Z E     T R E I Z E
  E       Z
  D I X - S E P T
          E
      Q U I N Z E
  V       Z
  D I X - N E U F
  N
  G
  T
```

CATÉGOGRILLE .... Jeu 12

```
                      S
          T           O
      V   R           I
    S O I X A N T E - D I X
      N   E           A
      G   N           N
          T           T
  C I N Q U A N T E   E
      U   R
    Q U A T R E - V I N G T S
      A   R
      N       C       D
    Q U A T R E - V I N G T - D I X
      E       T       X
```

CATÉGOGRILLE .... Jeu 13

```
      A
      V       A
  J A N V I E R   O
      I       Û
    J U I L L E T
      U
  M A I           S
  A   N O V E M B R E
  R           P
  S   F       T
    D É C E M B R E
      V       M
      R   O C T O B R E
      I           R
      E           E
      R
```

CATÉGOGRILLE .... Jeu 14

```
  B L A N C   B
  L       O   E
  E       I   I
  B R U N   R O U G E
  O         R   E
  S         A
  V E R T   N
  I           G R I S
  O   J A U N E
  L
  E
  T
```

CATÉGOGRILLE .... Jeu 15

```
              F
      H E N R I
              A
      J E A N   P
      A   Ç     H
      C   L O U I S
      Q   I     L
      U   S     I
  M A R C E L   P
      A   S     P       R
      O         P   P I E R R E
  G U Y         R       E N
      L             A N D R É
                        R
  G U I L L A U M E     A
                        N
  É D O U A R D
```

CATÉGOGRILLE .... Jeu 16

```
  S I M O N E
      A         R
      R         E
  A N T O I N E T T E
  I     E       N       B
  C         É L I S E   E
  O     J   E           R
  L U C I E         H   T
  E     A           E   H
      A N           A N N E
      D N           R   E
  G I S È L E       I
      L   Y V E T T E
      E   V       T
          O       T
        N A D I N E
          N
          E
```

CHIFFRES .... Jeu 17

1. NOIR
2. ROUGE
3. ORANGE
4. ROSE
5. GRIS
6. BRUN
7. JAUNE

CHIFFRES .... Jeu 18

1. NUIT
2. MINUIT
3. MATIN
4. MIDI
5. APRÈS-MIDI
6. SOIR
7. AUBE

CHIFFRES .... Jeu 19

1. AUTO
2. BATEAU
3. TRAIN
4. AVION
5. AUTOBUS
6. AUTOCAR
7. TAXI

CHIFFRES .... Jeu 20

1. ROBE
2. BAS
3. BLOUSE
4. CHAUSSURES
5. JUPE
6. CHAPEAU
7. ÉCHARPE

CHIFFRES .... Jeu 21

1. CHAT
2. CHEVAL
3. CHIEN
4. VACHE
5. CHÈVRE
6. COCHON
7. MOUTON

CHIFFRES .... Jeu 22

1. CAFÉ
2. COCA-COLA
3. CHOCOLAT
4. LAIT
5. THÉ
6. LIMONADE
7. EAU MINÉRALE

CHIFFRES .... Jeu 23

1. COU
2. COUDE
3. GENOU
4. PIED
5. DOIGT
6. TÊTE
7. POUCE

CHIFFRES .... Jeu 24

1. CANADA
2. FRANCE
3. ANGLETERRE
4. ARGENTINE
5. ALLEMAGNE
6. IRLANDE
7. INDE

CHIFFRES .... Jeu 25

1. FILS
2. FILLE
3. FRÈRE
4. PÈRE
5. MÈRE
6. SOEUR
7. FAMILLE

CHIFFRES .... Jeu 26

1. MAI
2. MARS
3. AVRIL
4. JANVIER
5. JUIN
6. JUILLET
7. AOÛT

ARC-EN-MOTS .... Jeu 27

SON	AUTRE	(TERRENT)
SONT	AUTRES	ERRE
ON	TE	ERRÉ
ONT	TRÈS	ERRENT
TROIS	RESTE	RENTRE
ROI	RESTÉ	RENTRÉ
ROIS	RESTER	RENTRER
OISEAU	ES	EN
SE	EST	ENTRE
SEAU	(ESTER)	ENTRÉ
EAU	TERRE	ENTRER
AU	(TERRÉ)	(RE)

ARC-EN-MOTS .... Jeu 28

BOUC	RI	ÂGE
BOUCHE	RIEN	GENOU
(BOUCHÉ)	EN	NOUVEAU
BOUCHER	ENFIN	NOUVEAUX
BOUCHERIE	FIN	VEAU
OU	FINI	VEAUX
OÙ	NI	EAU
CHER	IMAGE	EAUX
CHÉRI	MA	AU
CHÉRIE	(MAGE)	AUX

ARC-EN-MOTS .... Jeu 29

DE	VOIR	MÈNE
DÉ	IRA	MENÉ
DEDANS	(RAME)	EN
DANS	(RAMÉ)	NE
(DANSA)	RAMÈNE	NÉ
AN	RAMENÉ	NET
ANS	ÂME	ET
SA	AMÈNE	ÉTÉ
SAVOIR	AMENÉ	TE
AVOIR	ME	

ARC-EN-MOTS .... Jeu 30

ARBRE	DISCOURS	SEMAINE
BRÈVE	COU	MA
RÊVE	COUR	MAI
RÊVÉ	COURS	MAIN
EVE	COURSE	MAINE
VENIR	OU	AÎNÉ
EN	OÙ	AI
NI	OURS	NE
IRA	OURSE	NÉ
RADIS	SE	NEZ
DIS	(SEMA)	ZÉRO
DISC		

ARC-EN-MOTS .... Jeu 31

MA	NET	(GENT)
MAI	NETTE	GENTIL
MAIS	NETTES	EN
MAISON	ET	IL
MAISON-	TE	ÎLE
NETTE	TES	LE
AI	ES	LEÇON
SON	ESSENCE	CONTE
SONNE	EN	CONTÉ
SONNÉ	CE	ON
SONNET	CELA	ONT
SONNETTE	LA	TE
ON	LÀ	TEL
NE	LARGE	TELLE
NÉ	ARGENT	ELLE
		LE

ARC-EN-MOTS .... Jeu 32

FAMILLE	SURPRIS	LEVER
FAMILLES	SURPRISE	VER
AMI	PRIS	VERT
(MI)	PRISE	VERTE
MIL	RIS	TE
MILLE	SE	TÊTE
IL	SEL	TÊTES
LE	ÉLÈVE	ET
LES	ÉLEVÉ	ÉTÉ
ES	ÉLEVER	ÊTES
SU	LÈVE	TES
SUR	LEVÉ	ES

CROIX DE MOTS .... Jeu 33

```
          A S S E Z
          V       È
          O       B
          I       R
C O E U R       E F F E T
H                       A
A                       B
U                       L
D O I G T       T E R R E
      R               A
      A               S
      I               S
    N U A G E
```

CROIX DE MOTS .... Jeu 34

```
        A G E N T
        U     E
        S     M
A I N S I     P     S A L L E
L                         N
O                         V
R                         I
S A V O N       F R È R E
    O       E
    T       M
    R       M
    E N T R E
```

CROIX DE MOTS .... Jeu 35

```
        C H A M P
        H       L
        I       E
        E       I
L E Ç O N       N E V E U
A                       T
P                       I
I                       L
N E I G E       F A U T E
    X       L
    T       E
    R       U
    A M O U R
```

CROIX DE MOTS .... Jeu 36

```
        T R É S
        R     E
        O     A
C O U P       U S E R
H                 O
E                 N
Z É R O       L A I D
    N     U
    Z     N
    E L L E
```

LABYRINTHE .... Jeu 37

```
      L
      E
      C
      H E V A
          L E
          L E
      S T U N A N I
                  M
                  A
                  L
```

Le cheval est un animal.

LABYRINTHE .... Jeu 38

```
J E V A
    I S
  T R È S B I E N
              N
              M
              E
              R
              C
              I
```

Je vais très bien, merci.

LABYRINTHE .... Jeu 39

```
M O N P
      È
      R
      E
      A
      I
  M E S A
        M
        A
    I S O N
```

Mon père aime sa maison.

LABYRINTHE .... Jeu 40

```
M A R S
    V
    I
  E N T A
      V
      A
      N
      T
      A
    V R I L
```

Mars vient avant avril.

LABYRINTHE .... Jeu 41

```
T R O I
      S
      E
      T
      T
      R
      O
      I
      S
  F O N T S I X
```

Trois et trois font six.

LABYRINTHE .... Jeu 42

```
L
A
P
O
M
M
E
N'
E
S T P A S N O I R E
```

La pomme n'est pas noire.

LABYRINTHE .... Jeu 43

```
L
E
F
R
U
I
T E S T J O L
            I
            E
        T B O N
```

Le fruit est joli et bon.

LABYRINTHE .... Jeu 44

```
C E T T
      E
      P
  H R A S
        E
        V
    A P A R
          I
          C
          I
```

Cette phrase va par ici.

MOTSTRACTION .... Jeu 45

PAS – AS = P
MAISON – MOINS = A
BRAS – BAS = R
SINGE – GENS = I
BROSSE – ROBES = S

   VILLE: PARIS

MOTSTRACTION .... Jeu 46

FILM – FIL = M
POINT – PONT = I
CHEVAL – VACHE = L
GLACE – CAGE = L
ROUTE – TOUR = E

   NOMBRE: MILLE

MOTSTRACTION .... Jeu 47

JUPE – JEU = P
LUNE – UNE = L
CUBE – BEC = U
LAPIN – PLAN = I
MÉDECINE – MÉDECIN = E

   TEMPS: PLUIE

MOTSTRACTION .... Jeu 48

BALLET – BALLE = T
PAIN – PIN = A
NEUF – FEU = N
TROIS – ROIS = T
QUATRE – QUART = E
POISSON – POISON = S

   DAMES: TANTES

REMETTEZ CES LETTRES DANS L'ORDRE POUR FORMER SEPT MOTS QUI ONT QUELQUE CHOSE EN COMMUN~

1. R U E A B U
le bureau

2. O R I R M E A
l'armoire

3. A C I E R
la ___

4. B E L A U T A
O N I R
le ___

LES DESSINS VONT VOUS AIDER À TROUVER CES MOTS SUR CETTE PAGE, PAR EXEMPLE, ON EST «DANS LA SALLE DE CLASSE»!

5. V É L É E E
l' ___

6. E H I S A C
la ___

7. F E R S O U P E R S
le ___

1. B A L T E
la ___

2. A M P L E
la ___

3. T A F E U L U I
le ___

4. H A C I E S
la ___

5. V O I S N I L É T É
la ___

6. O D I R A
la ___

7. A U T E B A L
le ___

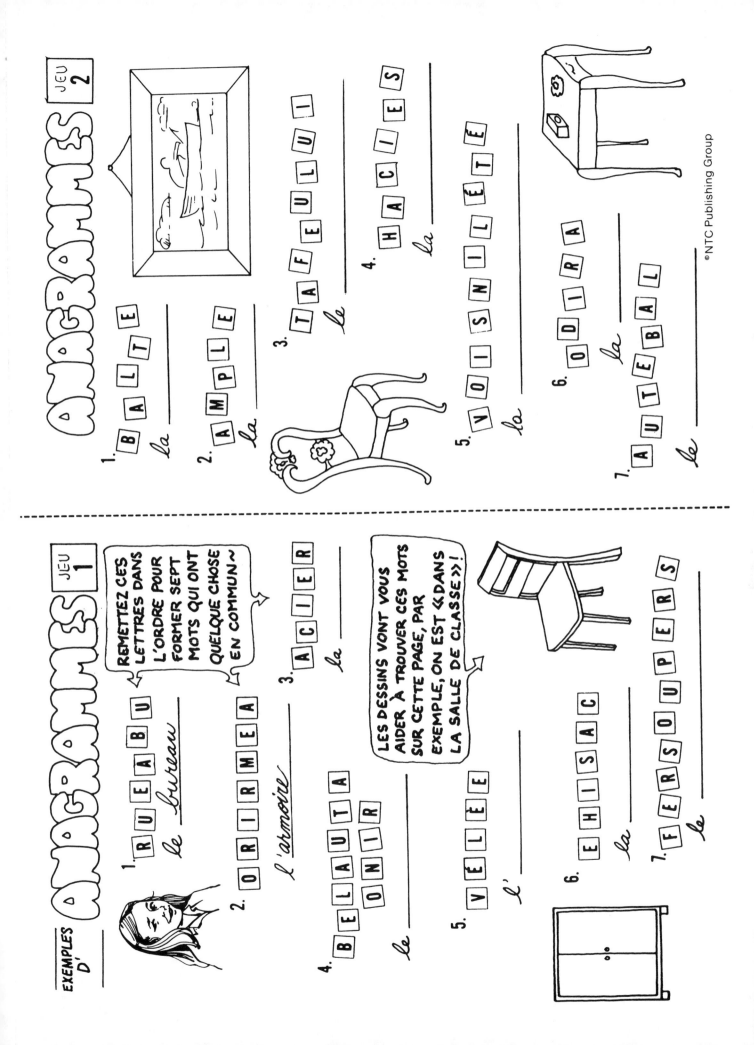

ANAGRAMMES

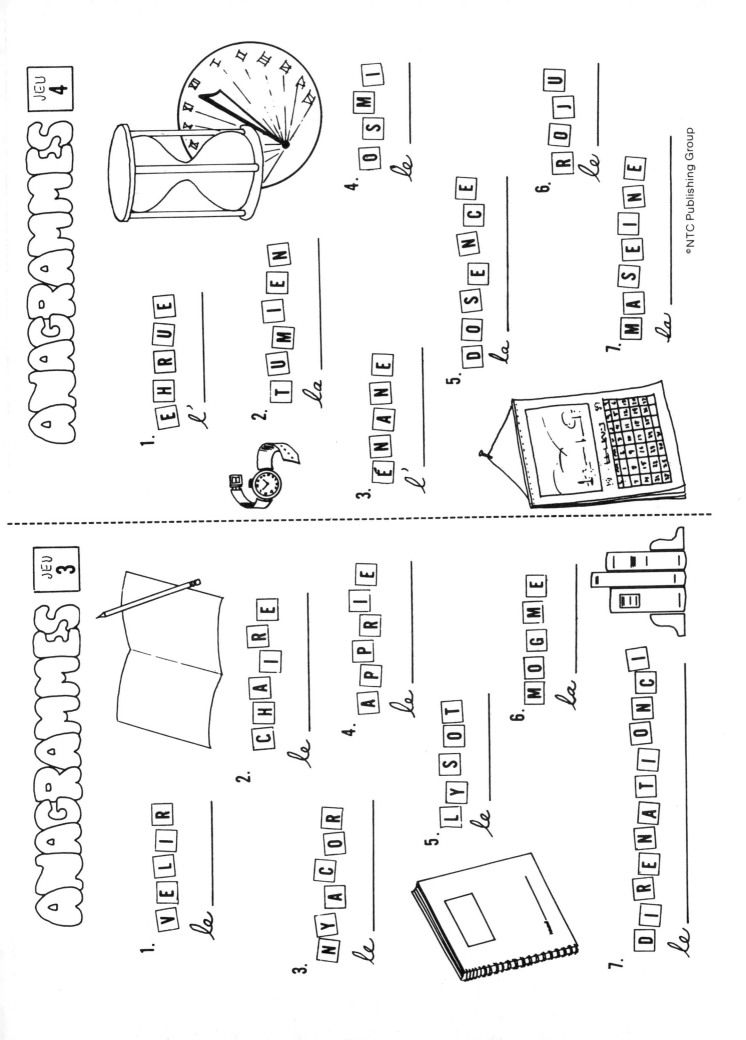

1. E H R U E
   l' _____

2. T U M I E N
   la _____

3. É N A N E
   l' _____

4. O S M I
   le _____

5. D O S E N C E
   la _____

6. R O J U
   le _____

7. M A S E I N E
   la _____

ANAGRAMMES

1. V E L I R
   le _____

2. C H A I R E
   le _____

3. N Y A C O R
   le _____

4. A P P R I E
   le _____

5. L Y S O T
   le _____

6. M O G M E
   la _____

7. D I R E N A T I O N C I
   le _____

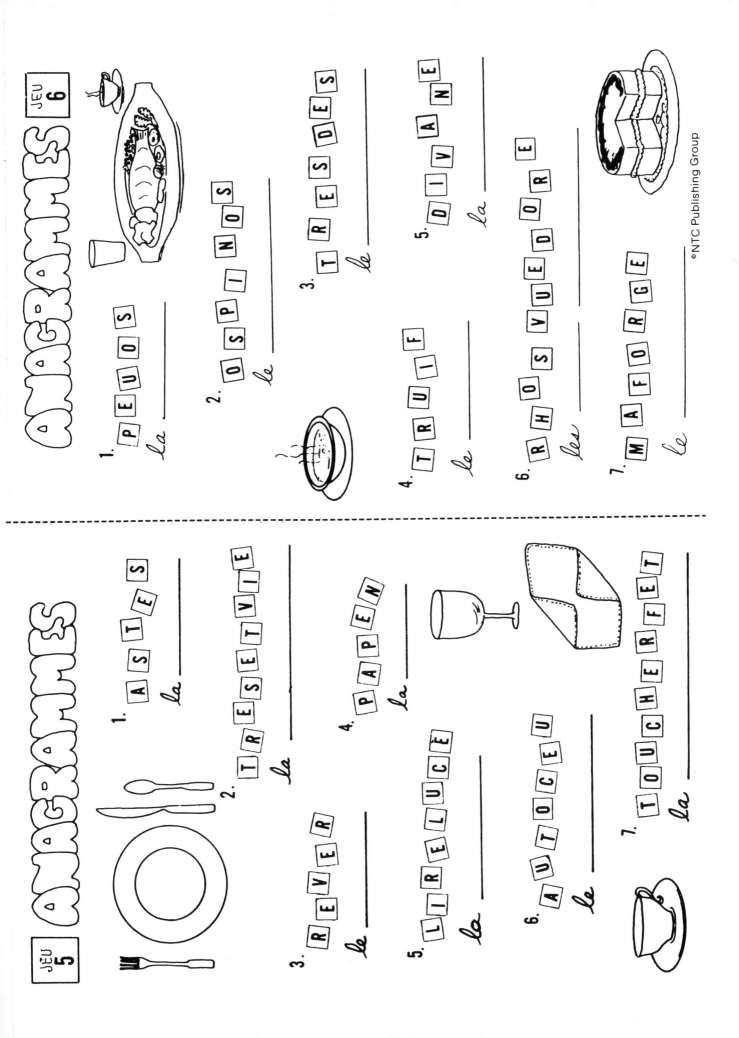

ANAGRAMMES

1. P E U O S   la _____

2. O S P I N O S   le _____

3. T R E S D E S   le _____

4. T R U I F   le _____

5. D I V A N E   la _____

6. R H O S V U E D O R E   les _____

7. M A F O R G E   le _____

ANAGRAMMES

1. A S T E S   la _____

2. T R E S E T V I E   la _____

3. R E V E R   le _____

4. P A P E N   la _____

5. L I R E L U C E   la _____

6. A U T O C E U   le _____

7. T O U C H E R F E T   la _____

ANAGRAMMES — JEU 8

1. M O M P E — la _____

2. M O T A T E — la _____

3. F A I S E R — la _____

4. O R C I X / G R O U E — la _____

5. E X U F / S O U G E R — les _____

6. E C R I E S — la _____

7. P E U D A R A S E U R S — le _____

ANAGRAMMES — JEU 7

1. N U E L — la _____

2. L O I S E L — le _____

3. D E M O N — le _____

4. N A G E O R — l' _____

5. L E B A L — la _____

6. B O L G E — le _____

7. L O U B E E D / G E N I E D — la _____

CATÉGOGRILLE

NOMBRES

1 à 10

6 à 10?

7 ou 8?

2 ou 9?

U N

EXEMPLE DE CATÉGOGRILLE

JOURS DE LA SEMAINE

TOUS LES MOTS DE CETTE GRILLE DE MOTS CROISÉS SONT DES MOTS DE LA MÊME CATÉGORIE~

ON VOUS DONNE UN MOT--OU DES LETTRES--POUR COMMENCER~

C'EST À VOUS DE TROUVER ET DE PLACER LES AUTRES MOTS LÀ OÙ IL FAUT.

L U N D I

CES TROIS JOURS ONT LE MÊME NOMBRE DE LETTRES... MAIS OBSERVEZ BIEN LES MOTS CROISÉS!

19 JANVIER

L	M	M	J	V	S	D
6	7	1	2	3	4	5
		8	9	10	11	12

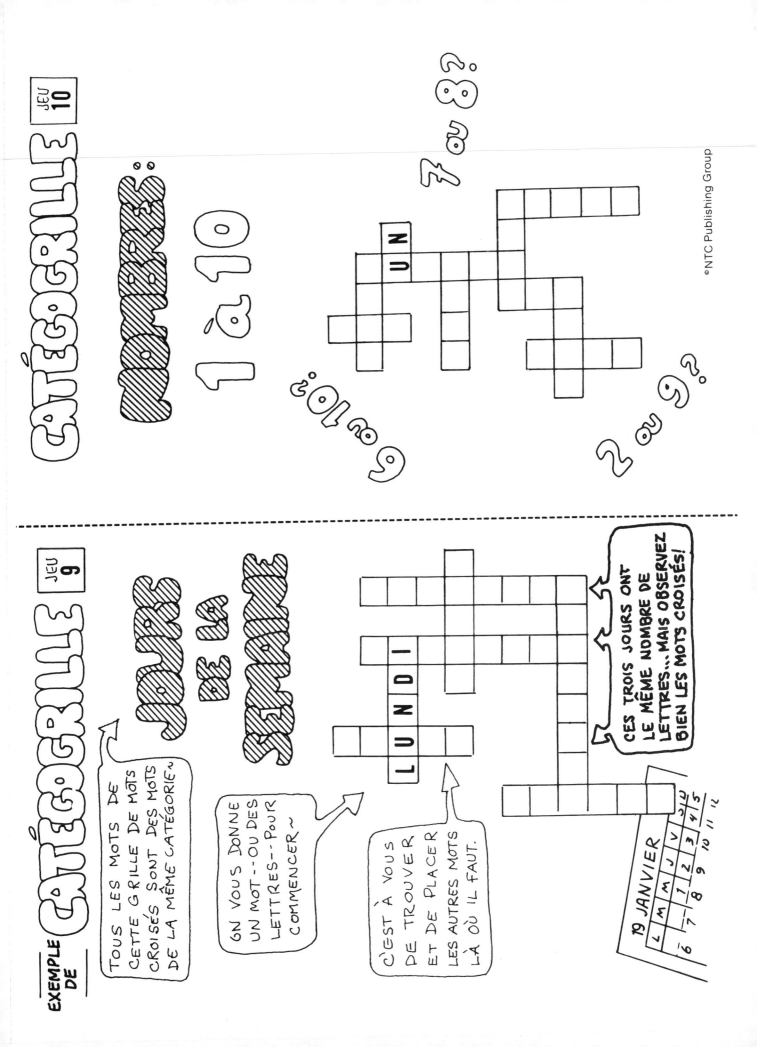

CATÉGOGRILLE JEU 12

NOMBRES

PAR DIX

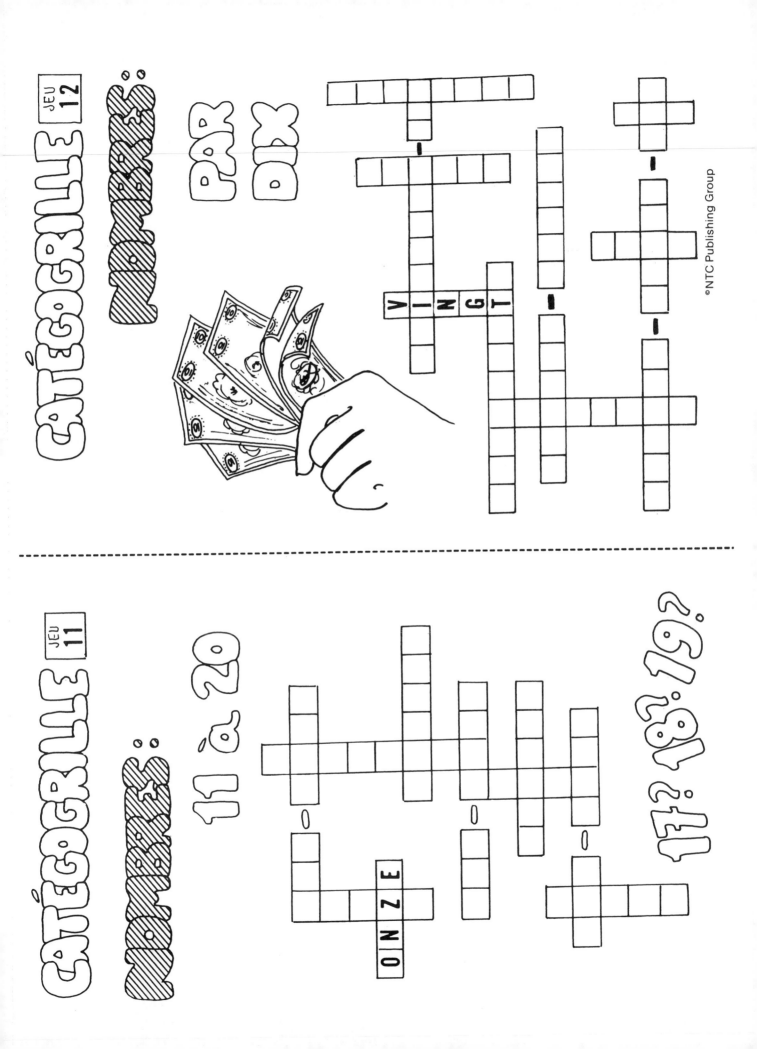

Grille verticale : V I N G T

©NTC Publishing Group

CATÉGOGRILLE JEU 11

NOMBRES

11 à 20

Grille : O N Z E

11? 18? 19?

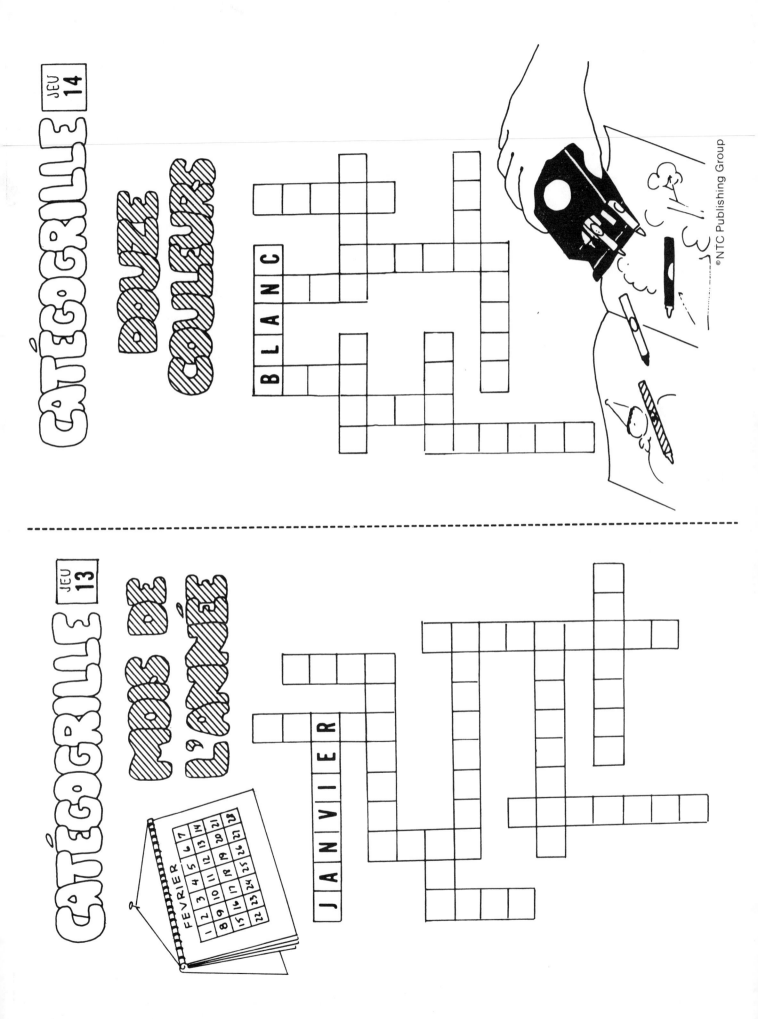

CATÉGOGRILLE JEU 14

DOUZE COULEURS

B L A N C

CATÉGOGRILLE JEU 13

MOIS DE L'ANNÉE

J A N V I E R

JEU 17

LETTRES EN CHIFFRES

EXEMPLE DE

LE MOT CLEF

D'ABORD~
REGARDEZ BIEN
LE «MOT CLEF»
ET LES
ILLUSTRATIONS
POUR DÉCOUVRIR
LA CATÉGORIE
DES MOTS À
DÉCHIFFRER~

PUIS~
INSCRIVEZ
LES LETTRES
IDENTIFIÉES
PAR LE MOT
CLEF PARTOUT
OÙ VOUS LES
VOYEZ DANS
LES AUTRES
MOTS DE LA
LISTE~

ENFIN,
ESSAYEZ DE
DEVINER
LES AUTRES
LETTRES
GRÂCE AUX
NUMÉROS
ET DE
DÉCHIFFRER
TOUS LES
MOTS DE CE
GROUPE

```
1 2 3 4
N O I R

4 2 5 6 7
R O _ _ _

2 4 8 1 6 7
O R _ _ _ _

4 2 9 7
R O _ _

6 4 3 9
_ R i _

10 4 5 1
_ R e _

11 8 5 1 7
_ _ _ _ _
```

JEU 18

LETTRES EN CHIFFRES

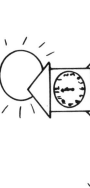

```
1.  1 2 3 4
    N U I _

2.  5 3 1 2 3 4
    _ _ _ _ _ _

3.  5 6 4 3 1
    _ _ _ _ _

4.  5 3 7 3
    _ _ _ _

5.  6 8 9 10 11 - 5 3 7 3
    _ _ _ _ _ _ _ _ _

6.  11 12 3 9
    _ _ _ _

7.  6 2 13 10
    _ _ _ _
```

LETTRES EN CHIFFRES

   1 2 3 4
1. R O B E
2. 3 5 6 ___
3. 3 7 2 8 6 4 ___
4. 9 10 5 8 6 6 8 1 4 6 ___
5. 11 8 12 4 ___
6. 9 10 5 12 4 5 8 ___
7. 4 9 10 5 1 12 4 ___

LETTRES EN CHIFFRES

   1 2 3 4
1. A U T O
2. 5 1 3 6 1 2 ___
3. 3 7 1 8 9 ___
4. 1 10 8 4 9 ___
5. 1 2 3 4 5 2 11 ___
6. 1 2 3 4 12 17 ___
7. 3 1 13 8 ___

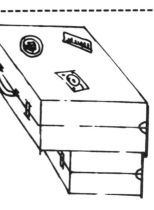

LETTRES EN CHIFFRES

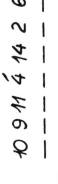

$$\begin{array}{cccc}1&2&3&4\end{array}$$

1. C A F É
2. 1 5 1 2   1 5 6 2 ____ ____
3. 1 7 5 1 5 6 2 8 ____
4. 6 2 9 8 ____
5. 8 7 4 ____
6. 6 9 10 5 11 2 12 4 ____
7. 4 2 13 ____   10 9 11 4 14 2 6 4 ____

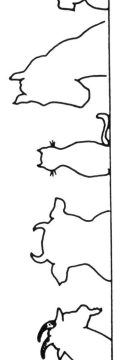

©NTC Publishing Group

LETTRES EN CHIFFRES

$$\begin{array}{cccc}1&2&3&4\end{array}$$

1. C H A T
2. 1 2 5 6 3 7 ____
3. 1 2 8 5 9 ____
4. 6 3 1 2 5 ____
5. 1 2 8 6 10 5 ____
6. 1 11 1 2 11 9 ____
7. 12 11 13 4 11 9 ____

LETTRES EN CHIFFRES

1 2 3 2 4 2
C A N A D A

1. 5 6 2 3 1 9
   _ _ _ _ _ _

2. 2 3 7 8 9 10 9 6 6 9
   _ _ _ _ _ _ _ _ _ _

3. 2 6 7 9 3 10 11 3 9
   _ _ _ _ _ _ _ _ _

4. 2 8 8 9 12 2 7 3 9
   _ _ _ _ _ _ _ _ _

5. 1 1 6 8 2 3 4 9
   _ _ _ _ _ _ _ _

6. 1 1 3 4 9
   _ _ _ _ _

7. _ _ _ _

LETTRES EN CHIFFRES

1 2 3
C O U

1. 1 2 3 4 5
   _ _ _ _ _

2. 6 5 7 2 3
   _ _ _ _ _

3. 8 9 5 4
   _ _ _ _

4. 4 2 9 6 10
   _ _ _ _ _

5. 10 5 10 5
   _ _ _ _

6. 10 5̂ 10 5
   _ _ _ _

7. 8 2 3 1 5
   _ _ _ _ _

LETTRES EN CHIFFRES

1. *1 2 3* _ _ _
2. *1 2 4 5* _ _ _
3. *2 6 4 3 7* _ _ _
4. *8 2 9 6 3 10 4* _ _ _
5. *8 11 3 9* _ _ _
6. *8 11 3 7 7 10 12* _ _ _
7. *2 13 11 12* _ _ _

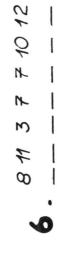

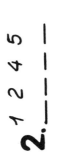
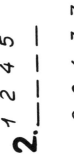

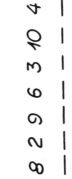
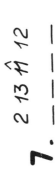

19 SEPTEMBRE — OCTOBRE — NOVEMBRE — DECEMBRE

LETTRES EN CHIFFRES

1. *1 2 3 4* _ _ _
2. *1 2 3 3 5* _ _ _
3. *1 6 5 6 5* _ _ _
4. *7 5 6 5* _ _ _
5. *8 5 6 5* _ _ _
6. *4 9 5 10 6* _ _ _
7. *1 11 8 2 3 3 5* _ _ _

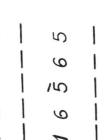

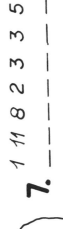
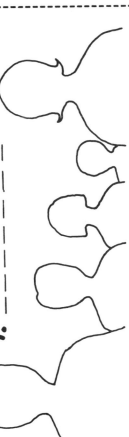

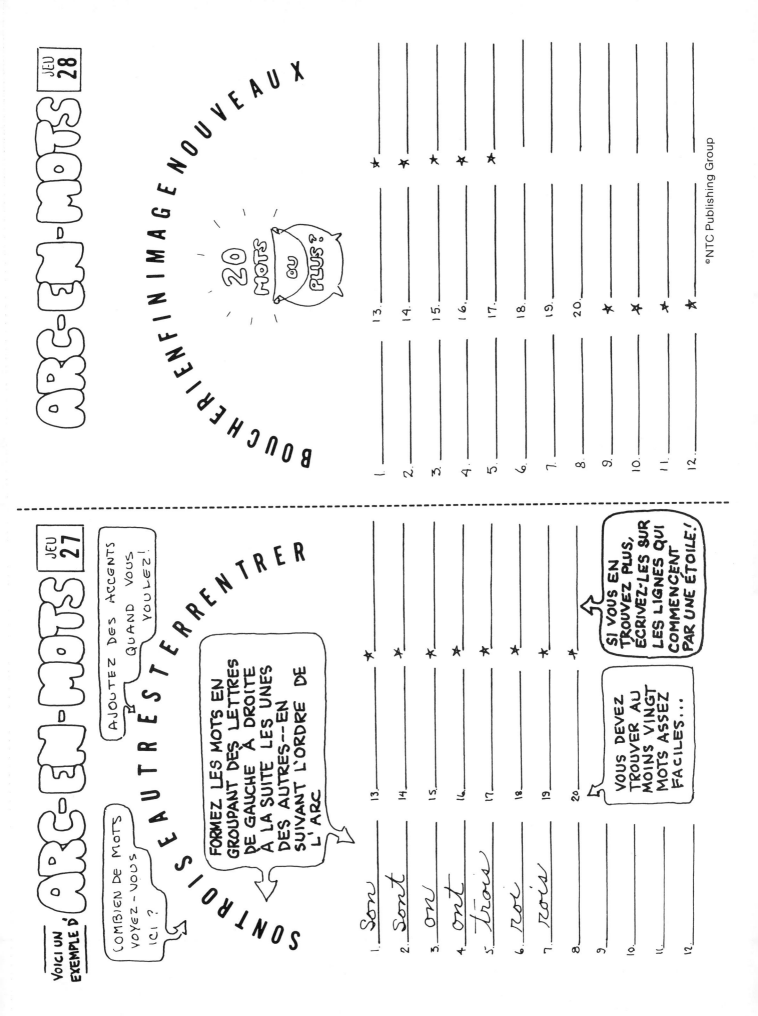

ARC-EN-MOTS — JEU 28

BOUCHERIENFINIMAGENOUVEAUX

20 MOTS OU PLUS?

1. ___
2. ___
3. ___
4. ___
5. ___
6. ___
7. ___
8. ___
9. ★ ___
10. ★ ___
11. ★ ___
12. ★ ___
13. ___
14. ___
15. ___
16. ___
17. ___
18. ___
19. ___
20. ___
★ ___
★ ___
★ ___
★ ___
★ ___

©NTC Publishing Group

VOICI UN EXEMPLE D' ARC-EN-MOTS — JEU 27

COMBIEN DE MOTS VOYEZ-VOUS ICI?

SONTROISEAUTRESTERRENTRER

AJOUTEZ DES ACCENTS QUAND VOUS VOULEZ!

FORMEZ LES MOTS EN GROUPANT DES LETTRES DE GAUCHE À DROITE À LA SUITE LES UNES DES AUTRES--EN SUIVANT L'ORDRE DE L'ARC

1. son
2. sont
3. on
4. ont
5. trois
6. roi
7. rois
8. ___
9. ___
10. ___
11. ___
12. ___
13. ___
14. ___
15. ★ ___
16. ★ ___
17. ★ ___
18. ★ ___
19. ★ ___
20. ★ ___

VOUS DEVEZ TROUVER AU MOINS VINGT MOTS ASSEZ FACILES...

SI VOUS EN TROUVEZ PLUS, ÉCRIVEZ-LES SUR LES LIGNES QUI COMMENCENT PAR UNE ÉTOILE!

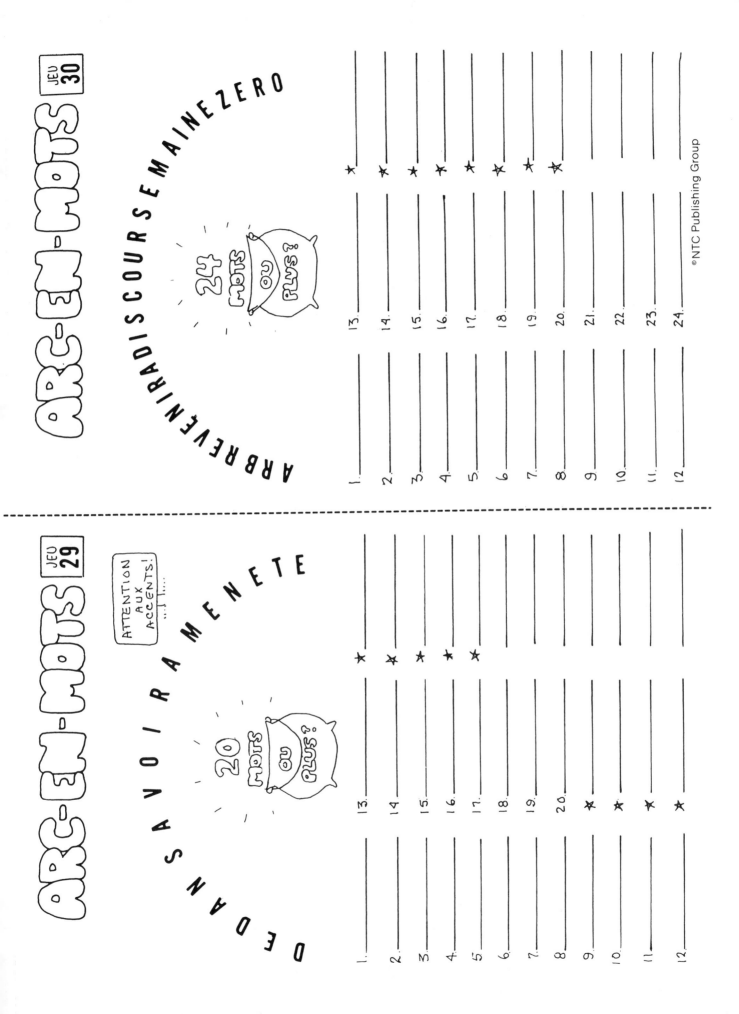

ARC-EN-MOTS JEU 32

FAMILLESURPRISELEVERTETES

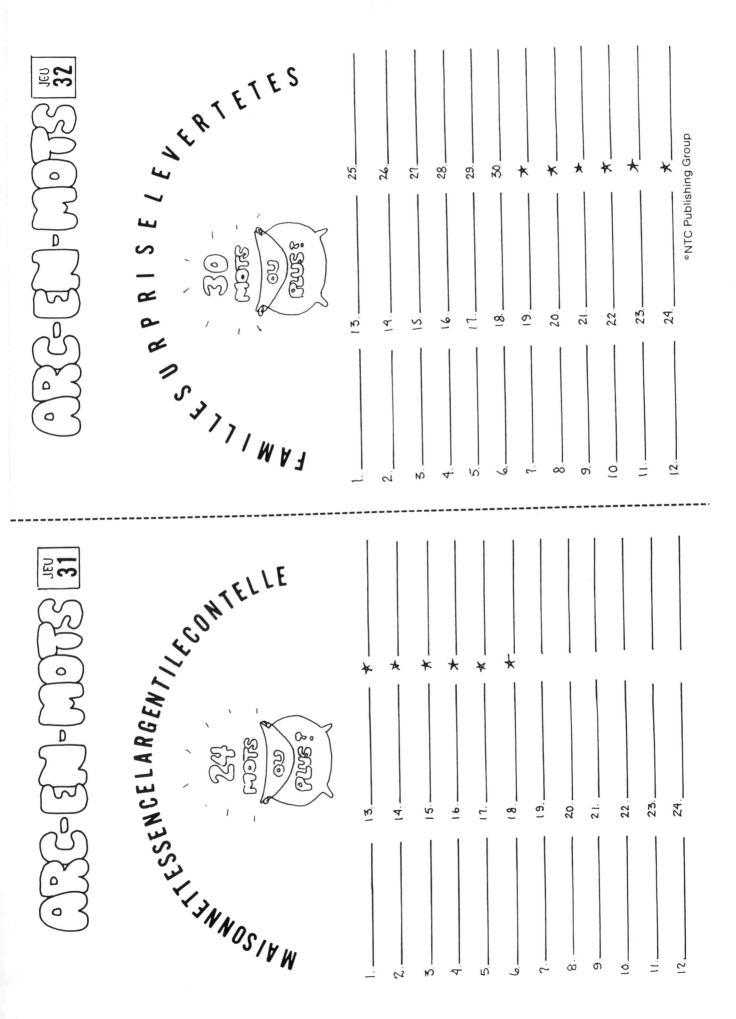

30 MOTS ou PLUS?

1. _____
2. _____
3. _____
4. _____
5. _____
6. _____
7. _____
8. _____
9. _____
10. _____
11. _____
12. _____

13. _____
14. _____
15. _____
16. _____
17. _____
18. _____
19. _____
20. _____
21. _____
22. _____
23. _____
24. _____

25. _____
26. _____
27. _____
28. _____
29. _____
30. _____
★ _____
★ _____
★ _____
★ _____
★ _____
★ _____

©NTC Publishing Group

ARC-EN-MOTS JEU 31

MAISONNETTESSENCELARGENTILECONTELLE

24 MOTS ou PLUS?

1. _____
2. _____
3. _____
4. _____
5. _____
6. _____
7. _____
8. _____
9. _____
10. _____
11. _____
12. _____

13. _____
14. _____
15. _____
16. _____
17. _____
18. _____
19. _____
20. _____
21. _____
22. _____
23. _____
24. _____

★ _____
★ _____
★ _____
★ _____
★ _____
★ _____

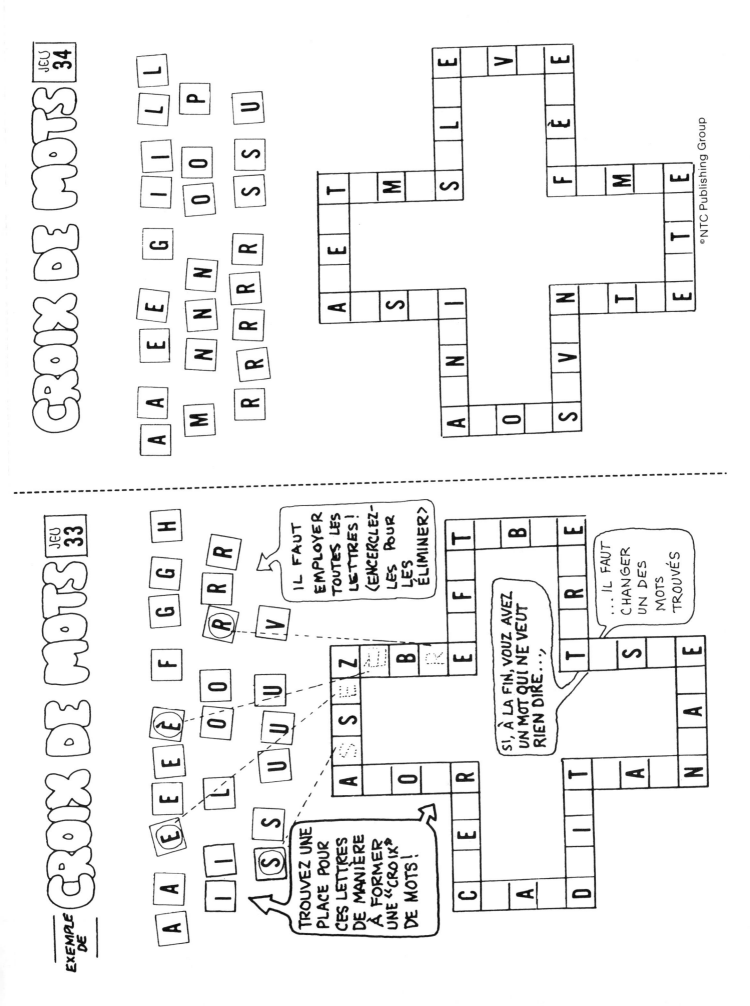

CROIX DE MOTS

A A E E E É É G H H
I I L L M M
O R T T U U X

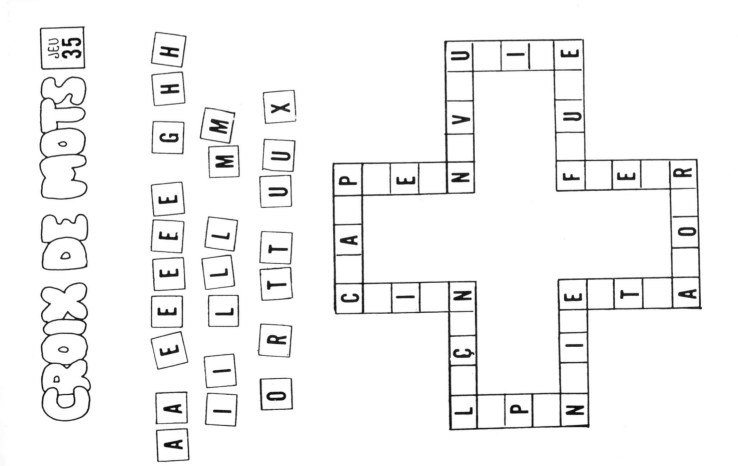

CROIX DE MOTS

A A E E E É Ê H
I L L N N N
O O O R R R
S S U U Z

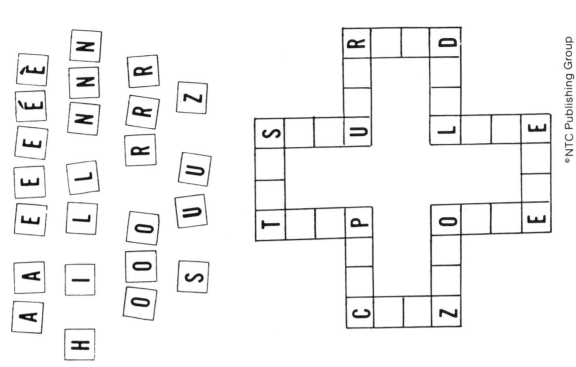

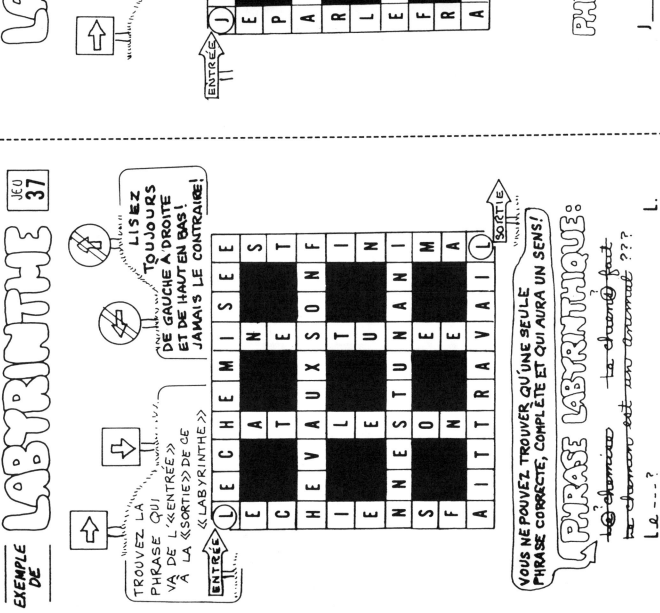

LABYRINTHE — JEU 38

PHRASE LABYRINTHIQUE:

_____ .

©NTC Publishing Group

EXEMPLE DE LABYRINTHE — JEU 37

TROUVEZ LA PHRASE QUI VA DE L'«ENTRÉE» À LA «SORTIE» DE CE «LABYRINTHE»

LISEZ TOUJOURS DE GAUCHE À DROITE ET DE HAUT EN BAS! JAMAIS LE CONTRAIRE!

ENTRÉE — SORTIE

VOUS NE POUVEZ TROUVER QU'UNE SEULE PHRASE CORRECTE, COMPLÈTE ET QUI AURA UN SENS!

PHRASE LABYRINTHIQUE:

Le chemin ~~la chan~~ fait
le chemin est un travail ???

Le --- ?

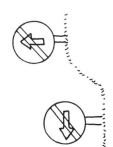

PHRASE LABYRINTHIQUE:

M _____ L.

ENTRÉE

SORTIE

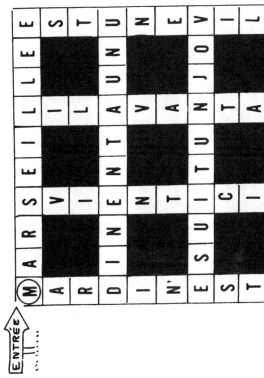

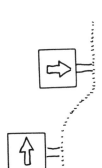
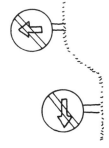

PHRASE LABYRINTHIQUE:

M _____ N.

ENTRÉE

SORTIE

LABYRINTHE — JEU 41

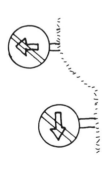

ENTRÉE → / SORTIE →

(T○)	S	U	N	■	I	S	T	D	E
R	■	I	■	N	■	M	O	I	S
E	S	I	E	T	R	■	U	N	■
N	S	E	E	T	■	R	S	S	N
T	■	S	E	■	T	■	R	■	I
E	I	E	T	R	O	J	S	O	N
S	S	E	■	R	U	N	■	S	■
E	A	S	A	L	O	N	S	I	(X○)
P	■	E	■	S	■	■	■	■	
T	O	U	F	O	N	T	S	I	

PHRASE LABYRINTHIQUE:

T _____ X.

LABYRINTHE — JEU 42

ENTRÉE → / SORTIE →

(L○)	C	O	R	P	S	S	U	I	T
A	■	T	A	■	■	T	R	■	(E○)
P	A	C	■	H	E	S	■	R	
O	■	■	I	R	E	■	U	N	
M	E	S	T	R	O	P	■	E	
M	■	U	■	E	S	T	■	F	
E	E	N'	E	S	T	■	S	R	
N'	S	■	■	U	N	■	B	■	
E	T	■	■	R	■	■	R	N	
S	T	P	A	S	N	O	I	R	(E○)

PHRASE LABYRINTHIQUE:

L _____ E.

LABYRINTHE

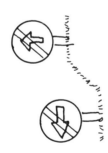

PHRASE LABYRINTHIQUE:

C _____ I.

ENTRÉE

SORTIE

LABYRINTHE

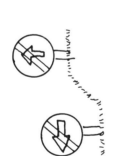

PHRASE LABYRINTHIQUE:

L _____ N.

ENTRÉE

SORTIE

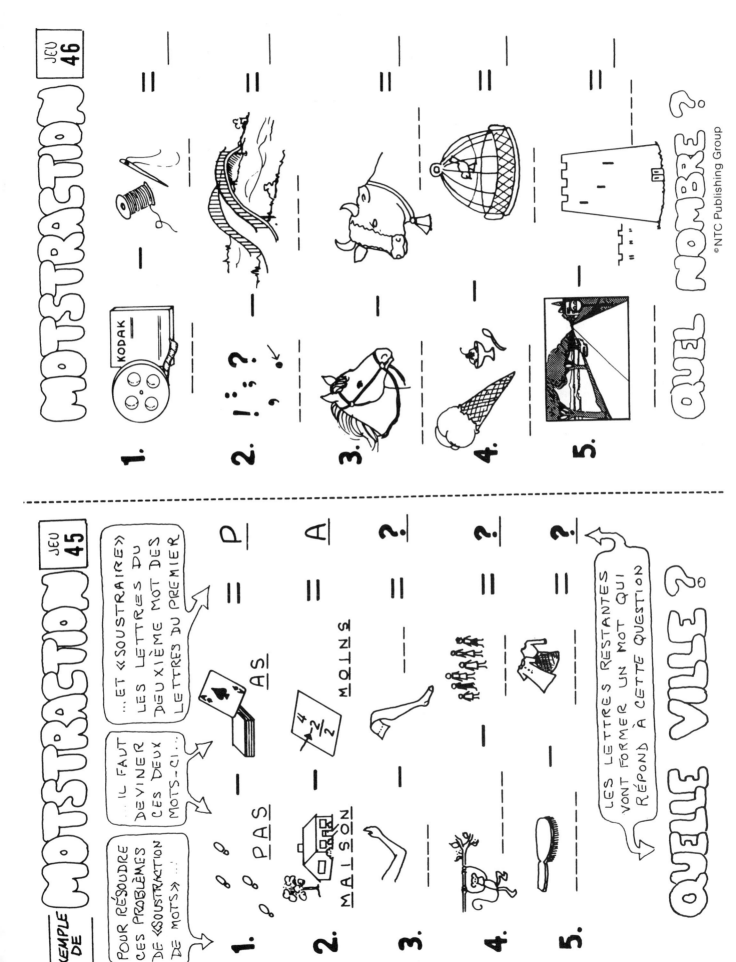

MOTSTRACTION

1. =
2. =
3. =
4. =
5. =

QUEL NOMBRE?

EXEMPLE DE MOTSTRACTION

POUR RÉSOUDRE CES PROBLÈMES DE «SOUSTRACTION DE MOTS»...

...IL FAUT DEVINER CES DEUX MOTS-CI...

...ET «SOUSTRAIRE» LES LETTRES DU DEUXIÈME MOT DES LETTRES DU PREMIER

1. PAS — AS = P
2. MAISON — MOINS = A
3. = ?.
4. = ?.
5. = ?.

LES LETTRES RESTANTES VONT FORMER UN MOT QUI RÉPOND À CETTE QUESTION

QUELLE VILLE?

JEU 48 — MOTSTRACTION

1.  =

2.    =

3. 6 7 8 ? =

4.  =

5.  =

6.  =

QUELLES DAMES DE VOTRE FAMILLE?

JEU 47 — MOTSTRACTION

1.  =

2. LE, LA, SON, SA UN, =

3.  =

4.  =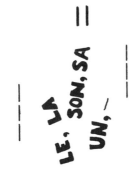

5.     =

QUEL TEMPS?

NTC FRENCH TEXTS AND MATERIAL

Computer Software
French Basic Vocabulary Builder
 on Computer

**Videocassette, Activity Book,
 and Instructor's Manual**
VidéoPasseport—Français

Conversation Books
Conversational French
A vous de parler
Tour du monde francophone Series
 Visages du Québec
 Images d'Haïti
 Promenade dans Paris
 Zigzags en France
Getting Started in French
Parlons français

Puzzle and Word Game Books
Easy French Crossword Puzzles
Easy French Word Games
Easy French Grammar Puzzles
Easy French Vocabulary Games

Humor in French and English
French à la cartoon

**Text/Audiocassette Learning
 Packages**
Just Listen 'n Learn French
Just Listen 'n Learn French Plus
Sans Frontières 1, 2, 3
Practice & Improve Your French
Practice & Improve Your French Plus
How to Pronounce French Correctly

High-Interest Readers
Suspense en Europe Series
 Mort à Paris
 Crime sur la Côte d'Azur
 Évasion en Suisse
 Aventure à Bordeaux
 Mystère à Amboise
Les Aventures canadiennes Series
 Poursuite à Québec
 Mystère à Toronto
 Danger dans les Rocheuses
Monsieur Maurice Mystery Series
 L'affaire du cadavre vivant
 L'affaire des tableaux volés
 L'affaire des trois coupables
 L'affaire québécoise
 L'affaire de la Comtesse enragée

Les Aventures de Pierre et de
 Bernard Series
 Le collier africain
 Le crâne volé
 Les contrebandiers
 Le trésor des pirates
 Le Grand Prix
 Les assassins du Nord

Graded Readers
Petits contes sympathiques
Contes sympathiques

Adventure Stories
Les aventures de Michel et de Julien
Le trident de Neptune
L'araignée
La vallée propre
La drôle d'équipe Series
 La drôle d'équipe
 Les pique-niqueurs
 L'invasion de la Normandie
 Joyeux Noël
Uncle Charles Series
 Allons à Paris!
 Allons en Bretagne!

Intermediate Workbooks
Écrivons mieux!
French Verb Drills

Print Media Reader
En direct de la France

Duplicating Masters
The French Newspaper
The Magazine in French
French Verbs and Vocabulary Bingo
 Games
French Grammar Puzzles
French Culture Puzzles
French Word Games for Beginners
French Crossword Puzzles
French Word Games

Transparencies
Everyday Situations in French

Reference Books
French Verbs and Essentials of Grammar
Nice 'n Easy French Grammar
Guide to French Idioms
Guide to Correspondence in French

Bilingual Dictionaries
NTC's New College French and
 English Dictionary
NTC's Dictionary of *Faux Amis*

For further information or a current catalog, write:
National Textbook Company
a division of *NTC Publishing Group*
4255 West Touhy Avenue
Lincolnwood, Illinois 60646-1975 U.S.A.